BEI GRIN MACHT SICH IHR WISSEN BEZAHLT

- Wir veröffentlichen Ihre Hausarbeit, Bachelor- und Masterarbeit

- Ihr eigenes eBook und Buch - weltweit in allen wichtigen Shops

- Verdienen Sie an jedem Verkauf

Jetzt bei www.GRIN.com hochladen und kostenlos publizieren

Bibliografische Information der Deutschen Nationalbibliothek:

Die Deutsche Bibliothek verzeichnet diese Publikation in der Deutschen National-
bibliografie; detaillierte bibliografische Daten sind im Internet über http://dnb.d-
nb.de/ abrufbar.

Impressum:

Copyright © 2012 GRIN Verlag, Open Publishing GmbH
Druck und Bindung: Books on Demand GmbH, Norderstedt Germany
ISBN: 9783668328129

Dieses Buch bei GRIN:

http://www.grin.com/de/e-book/212227/geographische-aspekte-vom-heutigen-
russland

Christin Pinnecke

Geographische Aspekte vom heutigen Russland

GRIN Verlag

GRIN - Your knowledge has value

Der GRIN Verlag publiziert seit 1998 wissenschaftliche Arbeiten von Studenten, Hochschullehrern und anderen Akademikern als eBook und gedrucktes Buch. Die Verlagswebsite www.grin.com ist die ideale Plattform zur Veröffentlichung von Hausarbeiten, Abschlussarbeiten, wissenschaftlichen Aufsätzen, Dissertationen und Fachbüchern.

Besuchen Sie uns im Internet:

http://www.grin.com/

http://www.facebook.com/grincom

http://www.twitter.com/grin_com

Institut für Slavistik der

Justus-Liebig-Universität Gießen

Die geographischen Aspekte vom heutigen Russland

Hausarbeit

vorgelegt von

Christin Pinnecke

Gießen, 09. August 2012

Inhalt

Einleitung

Die Aufgabenstellung lautete eine Arbeit über die geographischen Aspekte im heutigen Russland zu verfassen.

Ich möchte nach dem Studium als Russischlehrerin Schüler und Schülerinnen für die Sprache und für das Land begeistern. Eine Sprache kann man nur dann am besten lernen, wenn man Interesse für sie hat. Das heißt, dass zu allererst ein Interesse an der Sprache von den Lehrpersonen geweckt werden muss. Interesse kann man am besten mit Hilfe von kulturellen und gesellschaftlichen Gegebenheiten wecken. Ziel ist es demnach die Schüler und Schülerinnen zu allererst über das Land, die Kultur und die Menschen aufzuklären. Dies soll unter anderem auch der Bildung von Vorurteilen zuvor kommen. Meiner Meinung jedoch reicht es nicht nur von Bräuchen oder Gepflogenheiten des russischen Volkes zu berichten. Auch das Land an sich muss vorgestellt werden. Dies ist auch sehr gut fachübergreifend mit dem Fach Geographie realisierbar.

Bräuche und Kulturen entstehen aufgrund von räumlichen Bedingungen. Um demnach bestimmte Kulturen zu verstehen ist es wichtig auch die geographischen Hintergründe zu begreifen. Dies war der Grund, warum wir uns in der Gruppe dazu entschieden neben den politischen, föderalen und sozialen Strukturen auch die geographischen Aspekte mit zu behandeln. Aufgrund dessen, dass ich als Zweitfach Geographie studiere war ich demnach dazu prädestiniert über die geographischen Aspekte und Besonderheiten zu berichten. Mein Ziel ist es, einen kurzen, aber dennoch ausführlichen Überblick über das geographische Russland zu bieten.

Allgemeines

Der offizielle Name des größten Landes der Erde ist nicht Russland, obwohl sich dieser Name mittlerweile eingebürgert hat. Es gibt zwei offizielle Namen. Der erste lautet „Russische Föderation", der zweite lautet hingegen „Russländische Föderation". Es ist auffällig, dass anscheinend zwischen „russisch" und „russländisch" stark differenziert wird. In der Hausarbeit wird aber des besseren Verständnisses her ausschließlich der Begriff „Russland" oder „russisch" verwendet.

Die genaue Unterscheidung zwischen diesen beiden Begriffen resultiert aus der Zusammensetzung der Bevölkerung. Russland war schon immer ein Vielvölkerstaat. Um den unterschiedlichsten Ethnien gerecht zu werden, versuchten die Machtinhaber zu differenzieren. „Russländisch" bezeichnet dabei eher die räumliche Zusammengehörigkeit. Während   der Begriff „Russisch" die ethnische Zusammengehörigkeit beschreibt.[1]

Als Beispiel nehme ich die Stadt Kasan in der Republik Tatarstan. Diese vorwiegend von Tataren bewohnte Stadt würde im Russischen zwar als *russländische* Stadt, nicht aber als *russische* Stadt bezeichnet werden. Das heißt, dass Kasan sich zwar auf dem Gebiet von Russland befände, aber die Hauptstadt der Republik Tatarstan ist. Von der Staatsbürgerschaft und der Staatszugehörigkeit ist sie eindeutig Russland zuzuordnen. Aber die Ethnien, die in Kasan leben sehen sich nicht als Russen (russki), sondern als Tataren, also als Russländern (rossijanin). Sie sind somit nicht russisch, sondern russländisch, weil sie laut Staatsgebiet zu Russland zählen.

Durch diese Unterscheidung versucht man den unterschiedlichen Ethnien in Russland die Freiheit zu geben, damit sie ihre eigene Kultur nicht verlieren.

Trotz dieser Differenzierung ist die eindeutige Hauptstadt von Russland Moskau. Mit rund 11,55 Millionen Einwohnern ist sie die größte Stadt Europas.[2] Das Bild von Moskau hat sich in den letzten Jahren sehr gewandelt. Hatte man sonst eher das Bild vom Kreml im Kopf, so muss auch diese Assoziation der Realität weichen. Nicht nur der Präsident, sondern auch viele Ministerien und Behörden haben ihren Sitz in dieser Stadt.

---

[1] Galina Luchterhandt, Die politischen Parteien im neuen Rußland. Dokumente und Kommentare, Bremen 1993, S. 13f
[2] Predvaritel'nye itogi Vserossijskoj perepisi naselenija 2010 goda. Rosstat, Statistika Rossii, Moskau 2011

Abb. 1: Innenstadt Moskaus

Quelle: Bradmoscu (2010)

http://de.wikipedia.org/w/index.php?title=Datei:0_3d46f_31b05490_orig.jpg&fileti
mestamp=20100822121954

Das aktuelle Staatsoberhaupt ist der Präsident Wladimir Putin.[3] Der derzeit amtierende Regierungschef ist der Ministerpräsident Dmitri Medwedew.[4] Im dem Kapitel „Die politischen Strukturen" wird Frau Leschke tiefer auf Wladimir Putin und das Amt des Präsidenten eingehen.

Ein weiterer wichtiger Aspekt sind die Flaggen von Russland. Sie sind aus diesem Grund wichtig, weil Flaggen als Erkennungszeichen für ein Land dienen. Russland hat zwei Flaggen. Die erste Flagge besteht aus drei Längsstreifen. Der oberste Streifen ist weiß, der mittlere Streifen ist blau und der untere Streifen ist rot. Die Bedeutung der Farben wandelte sich mehrfach im Laufe der Geschichte. Ursprünglich basiert sie auf der Niederländischen Flagge. Der Zar Peter I. wandelte sie jedoch leicht ab. Die drei Farben waren jedoch immer präsent. Früher sollten sie die Einigkeit der Macht bei den ostslawischen Völkern im Zarenreich symbolisieren. Weiß stand für die „Weißrussen", Blau für die „Kleinrussen" (Ukrainer) und Rot für die „Großrussen" (eigentliche Russen). Eine weitere Interpretation war auch, dass Weiß für die Freiheit, Blau für die Gottesmutter und Rot für die Macht der Zaren stand. Nach der Machtergreifung der Bolschewiki ändert

---

[3] http://de.rian.ru/politics/20120307/262893311.html
[4] Medwedew von Duma zum Regierungschef gewählt ORF am 8. Mai 2012.

sich auch die Flagge. Doch am 22. August 1991 wurde beschlossen, dass die weiß-blaue-rote Trikolore wieder als russische Nationalflagge verwendet wird. Die heutige Interpretation der Farben lautet, dass Weiß für Glaube und Edelmut steht. Blau symbolisiert die Hoffnung und Ehrlichkeit. Rot steht für Liebe, Mut und Tapferkeit.

Abb. 2: Staatsflagge von Russland

http://www.gov.ru/main/symbols/gsrf3_2.html

Quelle: Russische Föderation 2010

Eine weitere bedeutende Flagge ist die Siegesflagge. Der damalige Präsident Boris Jelzin erklärte 1996, dass die Siegesflagge neben der russischen Flagge gleichwertig ist. Sie ist rot und in der oberen linken Ecke ist ein gelber Stern. Sie ähnelt der der Flagge, die am 01. Mai 1945 über dem Reichstag gehisst wurde. Damit ist sie ein Zeichen gegen den Antisemitismus und Faschismus.

Abb. 3: Siegesflagge von Russland

http://de.wikipedia.org/w/index.php?title=Datei:Russia_Victory_Commemorative_F lag.svg&filetimestamp=20080428233048

Quelle: Russische Föderation (2010)

Physisch-geographischer Überblick

Grenzverläufe

Russland ist mit 17.075.400 Quadratkilometern das größte Land der Erde. Das Gebiet macht ungefähr 1/8 des Festlandes der Erde aus. [5]Es hat mit 14 angrenzenden Ländern die höchste Anzahl von Nachbarstaaten. Die Aufzählung der Nachbarländer erfolgt gegen den Uhrzeigersinn beginnend im Nordosten. Die Zahl in den Klammern hinter dem Landesnamen beträgt die Grenzlänge zwischen Russland und dem betreffenden Staat. Im Nordosten befindet sich Norwegen (196 km) und Finnland (1340 km). Danach kommt der Anschluss Russlands an die Ostsee westlich von Sankt Petersburg. Danach folgen Estland (334 km), Lettland (217 km), Weißrussland (959 km) und die Ukraine (1576 km). Das nächste Meer ist das Schwarze Meer. Der einzige Zugang zum Mittelmeer wird jedoch von der Türkei kontrolliert.

Im Südosten Russlands liegen Georgien (723 km) und Aserbaidschan (284 km). Östlich von Aserbaidschan befindet sich das Kaspische Meer. Dieses Meer ist ein Binnenmeer ohne Zugang zu den Ozeanen. Anschließend folgt die größte mit einem Nachbarstaat gemeinsame Grenze. Die Grenze zwischen Kasachstan und Russland beläuft sich auf 6846 Kilometern.

Im ostasiatischen Teil folgt dann die Volksrepublik China (40 km), die Mongolei (3485 km) und wiederum die Volksrepublik China (3605 km). Mit Nordkorea hat Russland eine Grenze von insgesamt 19 Kilometern. Im Osten von Russland grenzt das Land an das Japanische Meer, das Ochotskische Meer, dem Pazifischen Ozean und die Beringsee. Das nächste Festland wären in vier Kilometer Entfernung die Inseln von Alaska. Im Norden grenzt Russland an den Arktischen Ozean. In diesem Ozean befinden sich Inseln, wie zum Beispiel das Franz-Josef-Land, die zum Hoheitsgebiet von Russland zählen. Durch das Abschmelzen der Eisfläche wird derzeit um den Anspruch weiterer Hoheitsgebiete in der Arktis gestritten. Eine Besonderheit ist die Oblast Kaliningrad. Dieses Gebiet befindet sich im ehemaligen Ostpreußen zwischen Polen und Litauen an der Ostsee.

---

[5] ULLRICH, V./ BERIÉ, E. (2005): Der Fischer Weltalmanach aktuell: Russland und der Kaukasus. Fischer Taschenbuch Verlag. Frankfurt a.M., S. 167 ff.

Abb. 4: Ländergrenzen von Russland

http://maps.google.de/maps?hl=de&q=russland&um=1&ie=UTF-8&hq=&hnear=0x453c569a896724fb:0x1409fdf86611f613,Russland&gl=de&sa=X&ei=B74jULeOJ8fdsgbxoD4Aw&ved=0CBAQ8gEwAQ

Quelle: Google Maps (2012)

Die Verteilung der Städte erfolgt ungleichmäßig. Ungefähr ¾ aller Bewohner leben in den Städten, von denen sich der Großteil auf dem europäischen Teil befindet. Im Süden erkennt man, dass sich die Lage der Städte Omsk, Novosibirsk oder auch Irkutsk an einer unsichtbaren Linie orientieren. Die Erklärung hierfür ist die Transsibirische Eisenbahn. Dies begründet auch die Theorie der Anthropogeographen, dass sich Ballungszentren nur dort bilden, wo auch die Infrastruktur stark genug ausgebildet ist. Eine Ausnahme bildet hierbei die Stadt Jakutsk an der Lena. Ihr Standort ist durch den Abbau der reichlich vorhandenen Bodenschätze wie Öl und Erdgas begründet. Sie stellt somit ein industrielles Zentrum dar.

Landschaften

Genauso wie die Bevölkerung ist auch die Landschaft vielfältig. Es wird grob zwischen dem europäischen Russland im Westen und dem asiatischen Russland im Osten unterschieden. Die räumliche Trennung erfolgt mit Hilfe des Urals. Westlich des Urals auf der europäischen Seite befindet sich die Osteuropäische Ebene. Mit dem Westsibirischen Tiefland, östlich des Urals, bildet die Osteuropäische Ebene die größte Ebene der Erde. Das zentrale Sibirien wird von dem Mittelsibirischen Bergland und der Mitteljakutischen Niederung dominiert. Eingegrenzt wird es im Norden durch das Nordsibirische Tiefland und im Süden durch das Südsibirische Gebirge. Im Osten befinden sich zum einen das Ostsibirische Bergland und im Nordosten das Ostsibirische Tiefland. Das Ostsibirische Bergland erstreckt sich bis zur Halbinsel Kamtschatka.[6]

Die Halbinsel Kamtschatka ist für Geologen und Vulkanologen sehr interessant. Denn befinden sich doch dort 160 Vulkane, von denen 29(!) immer noch aktiv sind. Auch hat Kamtschatka mit der Awtscha-Bucht einen der größten Naturhäfen dieser Welt. Aufgrund der hohen vulkanischen Aktivität ereignen sich auf Kamtschatka regelmäßig schwache bis starke Erdbeben. Dies kann man sehr gut auf einschlägigen Internetseiten des U.S. Geological Survey nachverfolgen.[7]

Abb. 5: Landschaften Russlands

http://www.weltkarte.com/uploads/pics/karte_topographie_russland.png

Quelle: Weltkarte (2012)

Flüsse und Seen
Auf dem Gebiet von Russland gibt es mehr als 120.000 Flüsse und ungefähr 2 Millionen Seen unterschiedlichster Größe. Die bedeutendsten Flüsse sind unter anderem die Wolga, der Ob und der Irtysch, der Amur, der Don und der Jenissei.

Die Wolga ist der längste Fluss Europas und fließt nur in Russland. Ihre Quelle befindet sich im Westen, südlich von Sankt Petersburg. Im Süden mündet die Wolga in das Kaspische Meer. Ebenfalls befindet sich in dem Osteuropäischen Tiefland der Don, der seine Mündung im Asowschen Meer hat. Der Irtysch und der Ob befinden sich im Norden von Zentralrussland. Die Quelle des Irtysch befindet sich an der Grenze zwischen der Volksrepublik China und der Mongolei. Der Ob entspringt aus zwei kleineren Flüssen aus dem Altaigebirge. Beide Flüsse, Ob und Irtysch, bilden mit ungefähr 5642 Kilometern das längste Flusssystem Asiens. Der Amur, der sich aus den Flüssen Shilka und Argun bildet, stellt die natürliche Grenze zwischen der Volksrepublik China und Russland dar. Er mündet in den

---

[6] FRANZ, H.-J. (1974): Physische Geographie der Sowjetunion. VEB Hermann Haack. Gotha/Leipzig. S. 20-21.
[7] http://www.usgs.gov/

9

Pazifischen Ozean. Der fünftlängste Fluss ist der Jenissei, der seine Quelle in der Mongolei hat, fließt durch Ostsibirien und mündet in das Nordpolarmeer.

Die bedeutsamsten Binnengewässer sind hingegen das Kaspische Meer im Süden von Russland und der Baikalsee und der Ladogasee. Der Baikalsee befindet sich im Süden im Südsibirischen Gebirge.[8] Der Ladogasee befindet sich im nordwestlichen Russland, östlich neben Sankt Petersburg. Beide Seen zusammen bilden den größten Süßwasserspeicher der Erde.[9]

Gebirge

Vierzig Prozent der Fläche von Russland wird von Gebirgen ausgemacht. Diese alle zu nennen würde den Rahmen dieser Hausarbeit sprengen und auch dem Ziel nicht dienlich sein. Darum werden die größten und bedeutendsten genannt. Dabei wird betont, dass diese Auswahl subjektiv ist, da jeder die Wertung von russischen Gebirgen anders sieht.

Das wichtigste Gebirge ist mitunter das Uralgebirge, welches sich östlich von Kasan und westlich von Jekaterinburg von Norden nach Süden erstreckt.[10] Es ist deshalb so wichtig, weil es Russland zwischen dem europäischen und asiatischen Teil trennt. Gleich danach folgt das Kaukasusgebirge, welches die natürliche Grenze im Süden darstellt. In diesem Gebirge befindet sich mit 5642 Metern der höchste Berg Russlands, der Elbrus.[11] Je nachdem wie man das räumliche Konstrukt „Europa" definiert ist der Elbrus der höchste Berg Europas, weil er sich westlich des Urals, im europäischen Teil Russlands befindet.

Auf der Halbinsel Kamtschatka befindet sich der größte Vulkan Russlands, der Kljutschewskaja Sopka. Er ist mit seinen 4750 Metern der größte aktive Vulkan Asiens und zählt mit zum Pazifischen Feuerring. Der Pazifische Feuerring ist ein Vulkangürtel, der den Pazifischen Ozean umgibt.

Im Süden des Landes befinden sich im Südsibirischen Gebirge mehrere einzelne Gebirge. Bedeutsam ist das Baikalgebirge, in dem der Baikalsee liegt.[12] Auch das Altaigebirge mit dem 4506 Meter hohen Belucha ist erwähnenswert.[13] In diesem Gebirge entspringt der Fluss Ob.

---

[8] FRANZ, H.-J.: Physische Geographie der Sowjetunion. S. 374.
[9] www.googleearth.com
[10] FRANZ, H.-J. (1974): Physische Geographie der Sowjetunion. VEB Hermann Haack. Gotha/Leipzig. S. 240.
[11] FRANZ, H.-J.: Physische Geographie der Sowjetunion. S. 206.
[12] FRANZ, H.-J.: Physische Geographie der Sowjetunion. S. 361 ff.
[13] FRANZ, H.-J.: Physische Geographie der Sowjetunion. S. 338 ff.

Klima und Vegetation

Auch das Klima in Russland ist sehr vielfältig. Aufgrund der großen Ausdehnung werden mehrere Klimazonen berührt. Allgemein kann davon gesprochen werden, dass sich das Klima breitenkreisparallel verhält. Das heißt, dass es eine Nord-Süd-Abfolge der klimatischen Charakteristika und Besonderheiten gibt. Vorzufinden ist unter anderem das Arktische Klima, das Kontinentalklima, das kaltgemäßigte Klima, das subtropische Klima und sogar das Monsunklima.[14]

Im Norden von Russland herrscht das arktische Klima vor. Dort gibt es nur Eiswüste. In diesem lebensfeindlichen Raum existieren kaum Pflanzen. Die Temperaturen übersteigen selten den Gefrierpunkt. Die Niederschläge sind gering und kommen meist in Form von Schnee vor.[15]

Weiter südlich beginnt die Zone, die durch den Permafrost gekennzeichnet ist. Unter Permafrost versteht man eine Zone, in der auch die Böden im Sommer nicht auftauen. Der Boden ist das ganze Jahr durchgängig gefroren. Dieses Gebiet wird auch als Tundra bezeichnet. Die vorherrschende Vegetation wird durch Flechten, Gräsern und Sträuchern bestimmt. Die hohen Niederschläge verwandeln die Landschaft im Sommer in Moore und Sümpfe. Die untere Grenze wird durch die beginnende Vegetation von Nadelhölzern geprägt.[16]

Direkt danach beginnt die boreale Zone, auch bekannt unter dem Begriff Taiga. Das dominierende Klima ist das Kontinentalklima. Es ist durch ein starkes Temperaturgefälle gekennzeichnet. Das heißt, dass im Sommer extrem hohe Temperaturen und im Winter extrem niedrige Temperaturen herrschen. Ein Wechsel von bis zu 80° Grad ist demnach nichts Ungewöhnliches. Von Westen nach Osten nimmt die durchschnittliche Jahrestemperatur deutlich ab. Auch fehlen durch den Einfluss des Meeres die starken Niederschläge, wie sie in Küstennähe vorkommen. Die Taiga ist durch weitreichende Wälder geprägt. Im Norden besteht sie vorwiegend noch aus Nadelwäldern, die aus der Tundra mit stammen. Je weiter man Richtung Süden gelangt, je stärker dominieren die Mischwälder.[17]

Ganz im Süden herrscht das subtropische Klima mit Steppen als vorherrschendes Landschaftsbild. Dabei wird zwischen der nördlichen Waldsteppe und der eigentlichen Steppe im Süden unterschieden. Dieses Phänomen beruht aufgrund der fehlenden Niederschläge und der dennoch

---

[14] BÜTOW, H. G. (1986): Länderbericht Sowjetunion. Bd. 230. Schriftreihe der Bundezentrale für politische Bildung. Bonn.
[15] BÜTOW, H. G.: Länderbericht Sowjetunion. S. 51.
[16] BÜTOW, H. G.: Länderbericht Sowjetunion. S. 51-52
[17] BÜTOW, H. G.: Länderbericht Sowjetunion. S. 52.

hohen Verdunstung. Jedoch existiert im Bereich der Steppen die fruchtbare Schwarzerde. Ais diesem Grund eignet sich das Gebiet für den Ackerbau. Gerade an der Küste des Schwarzmeeres hat man klimatische Verhältnisse, die man vom Mittelmeer her kennt. Warme trockene Sommer und milde feuchte Winter.[18]

Jedoch gibt es in Russland zwei klimatische Ausnahmen. Zum einem ist ein großer Teil des Landes durch Gebirgsklima bestimmt. Wie bereits in dem Abschnitt „Gebirge" erläutert, ist vierzig Prozent der Fläche von Russland mit Gebirgen bedeckt. Dementsprechend herrscht dort ein Gebirgsklima mit entsprechender Vegetation.

Eine andere Besonderheit ist der Bereich bei Wladiwostok im Südosten von Russland. Dort herrscht ein Monsunklima. Die Temperaturen sinken in den Wintermonaten zwar unter den Gefrierpunkt und erreichen auch im Sommer nicht die tropischen Temperaturen der klassischen Monsunländer. Jedoch ist der Niederschlag über das Jahr sehr ungleich verteilt. Zwischen Juni und September sind regelmäßig starke Regenfälle zu beobachten.

Nach Kanada beherbergt Russland die größten naturverbliebenen nördlichen Waldregionen. Ungefähr 26 Prozent der Wälder sind noch intakte und unberührte Urwälder. Der Großteil dieser Wälder befindet sich im schwer zugänglichen Sibirien. Nur circa neun Prozent befinden sich im europäischen Teil Russlands.[19]

Abb. 6: Vegetationszonen Russlands

http://artikel.schuelerlexikon.de/Geografie/1120.gif

Quelle: Schuelerlexikon.de (2012)

---

[18] BÜTOW, H. G.: Länderbericht Sowjetunion. S 52-54.
[19] www.globalforestwatch.org/common/russia/Atlas_report_pdfs/Cover-032.pdf

Quellenverzeichnis

Literaturverzeichnis

Bundeszentrale für politische Bildung/ bpb: Informationen zur politischen Bildung. Nr. 281/2003. München: Franzis' print & media GmbH, 2003.

BÜTOW, H. G. (1986): Länderbericht Sowjetunion. Bd. 230. Schriftreihe der Bundezentrale für politische Bildung. Bonn.

FRANZ, H.-J. (1974): Physische Geographie der Sowjetunion. VEB Hermann Haack. Gotha/Leipzig. S. 20-21.

LUCHTERHANDT, G. (1993): Die politischen Parteien im neuen Rußland. Dokumente und Kommentare. Bremen.

Predvaritel'nye itogi Vserossijskoj perepisi naselenija 2010 goda. Rosstat, Statistika Rossii, Moskau 2011

ULLRICH, V./ BERIÉ, E. (2005): Der Fischer Weltalmanach aktuell: Russland und der Kaukasus. Fischer Taschenbuch Verlag. Frankfurt a.M.

Internetquellen

http://de.rian.ru/politics/20120307/262893311.html (30.06.2012)

http://news.orf.at/stories/2119348/ (30.06.2012)

http://www.usgs.gov/ (30.06.2012)

www.googleearth.com (30.06.2012)

www.globalforestwatch.org/common/russia/Atlas_report_pdfs/Cover-032.pdf (30.06.2012)

Abbildungsverzeichnis

Abb. 1: Innenstadt Moskaus: BRADMOSCU (2010)
http://de.wikipedia.org/w/index.php?title=Datei:0_3d46f_31b05490_orig.jpg&fileti mestamp=20100822121954

Abb. 2: Staatsflagge Russlands: RUSSISCHE FÖDERATION (2010)
http://www.gov.ru/main/symbols/gsrf3_2.html

Abb. 3: Siegesflagge von Russland: RUSSISCHE FÖDERATION (2010)

http://de.wikipedia.org/w/index.php?title=Datei:Russia_Victory_Commemorative_F
lag.svg&filetimestamp=20080428233048

Abb. 4: Ländergrenzen von Russland: GOOGLE MAPS (2012)
http://maps.google.de/maps?hl=de&q=russland&um=1&ie=UTF-
8&hq=&hnear=0x453c569a896724fb:0x1409fdf86611f613,Russland&gl=de&sa=X&
ei=B74jULeOJ8fdsgbxoD4Aw&ved=0CBAQ8gEwAQ

Abb. 5: Landschaften Russlands
http://www.weltkarte.com/uploads/pics/karte_topographie_russland.png

Abb. 6: Vegetation Russlands
http://artikel.schuelerlexikon.de/Geografie/1120.gif